Lesen mal 2

Der doppelte Leo

Andreas Hüging · Angelika Niestrath

Ernst Klett Sprachen
Stuttgart

1. Auflage 1 ⁵ ⁴ ³ ² ¹ | 2024 23 22 21 20

www.klett-sprachen.de

Autoren: Andreas Hüging und Angelika Niestrath

Redaktion: Benjamin Linhart
Konzeption: Benjamin Linhart
Layoutkonzeption: Sabine Kaufmann
Illustrationen: Grit Döhnel
Gestaltung und Satz: DOPPELPUNKT, Stuttgart
Umschlaggestaltung: Sabine Kaufmann
Druck und Bindung: AZ Druck- und Datentechnik GmbH, Kempten

Printed in Germany

ISBN 978-3-12-674031-9

9 783126 740319

Inhalt

In der Turnhalle

die Bank
die Uhr
das Handtuch
die Trinkflasche

Ich heiße: Leo
So alt bin ich: 9
Das mag ich: Hunde
Daran erkennt man mich:
Rote Haare und
Sommersprossen

Ich heiße: Ada
So alt bin ich: 9
Das mag ich: Fußball spielen
Daran erkennt man mich:
Goldene Ohrstecker

Perspektive 1
Leo

Ein geheimnisvoller Zettel

Auf dem Weg zur Schule bleibt Leo plötzlich stehen. Jault da ein Hund im Gebüsch? Hunde sind Leos Lieblingstiere. Neugierig geht er näher heran. Vom Regen ist der Boden ganz matschig. Leos Schuhe werden schmutzig. Aber das ist ihm egal.

Im Gebüsch sitzt wirklich
ein kleiner, weißer Hund!
Der Hund will zu Leo laufen.
Aber er ist mit einer Leine
an einen Papierkorb gebunden.

Leo: Hallo, wer bist du denn?
So einen wie dich
habe ich mir
immer schon gewünscht.

Vorsichtig streichelt Leo
den struppigen Kopf.

Der Hund ist noch ganz jung.
An seinem Halsband hängt ein Zettel.

HALLO! ICH BIN LEO.
ICH BRAUCHE DRINGEND
EIN NEUES ZUHAUSE.
BITTE NIMM MICH MIT.

Leo staunt.
Der Hund heißt genau wie er!
Das kann kein Zufall sein.
Da ist Leo ganz sicher.
Aber was soll er jetzt machen?
Zuhause darf er keine Tiere haben.

Leo: Soll ich dich etwa mit in die Schule nehmen?
Hund: Wuff, wuff!

Das soll wohl heißen: Ja, ja! Leo lacht.
Der kleine Hund leckt seine Hand.

Leo: Das wird aber Ärger geben.
Großen Ärger.

Fast schiefgegangen!

Leo kommt zu spät.
Aber dafür kann er ja nichts!
In der Turnhalle hat die Sportstunde schon begonnen.
Wohin jetzt mit dem Hund?

Neben dem Umkleideraum ist eine Abstellkammer.
Leo legt seinen Pulli auf den Boden.
Den kleinen Hund setzt er darauf.

Leo: Warte hier auf mich.
Du musst ganz still sein.

Schnell zieht Leo sich um und rennt zum Unterricht.
Der Lehrer Herr Weise zeigt auf die Uhr an der Wand.

Herr Weise: Wo bist du gewesen, Leo?
Wir üben Torschießen.
Beeil dich, du bist dran!

Leo freut sich. Beim Fußball ist er gut. Er läuft an und schießt. Treffer!

Kinder: Leo, Leo!

Die anderen jubeln laut. Doch Leo hört noch etwas.

Wuff! Wuff, wuff!

Herr Weise: Na sowas!
Da hat wohl jemand
Hundekuchen
gefrühstückt.

Alle lachen. Nur Leo läuft rot an.
Dann spielen sie weiter.
Bald ist Leo wieder dran. Noch ein Tor!
Die anderen jubeln wieder.

Kinder: Bravo, Leo! Leo!

Wuff! Wuff, wuff! Wuff, wuff, wuff!

Diesmal bellt es ganz laut!
Ada hat es auch gehört.
Sie ist Leos beste Freundin.

Ada: Das klingt aber echt.
Ist hier irgendwo
ein Hund?

Neugierig schauen die Kinder sich um.
Leo reagiert blitzschnell.

Leo: Ich hab meine Trinkflasche
vergessen!
Darf ich sie holen?

Herr Weise nickt.
Leo läuft aus der Turnhalle.
Er muss den Hund beruhigen!

Ada hat eine Idee

Leo rennt zum Abstellraum
und schaut hinein.
Oh je!
Der kleine Hund hat sich nassgemacht.
Vor Aufregung hat er auch
auf Leos Pulli gepullert.

Leo trägt ihn zum Waschbecken.
Puh, wie das riecht!
Der Hund zappelt und spritzt alles voll.
Er findet das Wasser wohl lustig.
Leo schwitzt.
Plötzlich steht Ada hinter ihm.

Ada: Wusste ich's doch!
Du hast ein Geheimnis.

Sie schaut den kleinen Hund an
und grinst.

Ada:	Ein Geheimnis mit 4 Beinen.
Leo:	Stimmt. Ist der nicht süß?
Ada:	Mega süß! Wie heißt er denn?
Leo:	Er heißt Leo. Genau wie ich.

Er zeigt Ada den Zettel.

Ada:	Deshalb hat er gebellt, als wir deinen Namen gerufen haben! Der sieht dir aber gar nicht ähnlich.

Sie lacht.

Leo: Bin ich etwa nicht süß?

Dann muss er auch lachen.

Er ist froh, dass seine Freundin gekommen ist. Sie hat auch gleich eine Idee.

Ada: Wir bewachen den Hund abwechselnd. Jetzt bin ich dran. Später löst du mich ab.

Leo möchte lieber selbst bei dem Hund bleiben. Aber Ada hat recht. Er muss zurück zum Unterricht.

Ada: Nimm deine Trinkflasche mit!

Sie ist wirklich auf Zack.

Alles umsonst

In der Turnhalle runzelt Herr Weise die Stirn.

Herr Weise: Das hat aber lange gedauert, Leo.
Leo: Entschuldigung. Ich musste erst suchen.

Leo zeigt die Flasche vor.
Dann spielt er wieder mit.
Aber er schaut immer wieder zur Uhr.
Ada ist jetzt schon ziemlich lange draußen.
Leo will sie ablösen,
bevor Herr Weise etwas merkt.
Aber zu spät!

Herr Weise: Wo bleibt Ada bloß? Ich glaube, ich sehe mal nach.

Bloß nicht! Leo erschrickt.
Dann hat er eine Idee.
Schnell fasst er sich ans Bein.

Leo: Au, aua!
Ich hab einen Krampf!
Herr Weise: Brauchst du Hilfe?

Leo nickt erleichtert.
Sein Trick funktioniert!
Herr Weise massiert Leos Bein.

Herr Weise: Geht es wieder?
Leo: Ja klar. Danke.

In diesem Moment klingelt es.
Die Stunde ist aus.
Alle stürmen in die Umkleideräume.
Leo wartet bis der Flur leer ist.
Dann geht er schnell zum Abstellraum.
Die Tür steht offen.
Leo erschrickt.

Da kommt Ada angerannt.
Sie ist ganz außer Atem.

Ada: Der Hund ist mir entwischt!
Was sollen wir bloß
machen?

Falscher Verdacht

Leo und Ada müssen zurück
in die Klasse.
Plötzlich steht Amir vor ihnen.
Amir ist auch in ihrer Klasse.
Sonst ist er immer sehr nett.
Aber jetzt zittert er vor Wut.

Amir: Du spinnst wohl, Leo!
Warum hast du mein Beet
kaputt gemacht?

Zu Leos Schule gehört ein Garten. Jedes Kind kümmert sich um ein kleines Stück Beet. Erst gestern hat Amir auf seinem Stück neue Blumen gepflanzt. Er war ganz stolz darauf.

Amir: Du bist ist so gemein, Leo!

Alle schauen Leo an.

Leo: Waaaas? Wieso ich?

Amir: Du bist als einziger zu spät gekommen. Du hattest die Gelegenheit. Und deine Schuhe sind voller Erde.

Er zeigt auf Leos dreckige Sohlen.

Die anderen Kinder tuscheln aufgeregt.
Nur Herr Weise bleibt ganz ruhig.

Herr Weise: Wir sehen uns
das erstmal an.

Leo Puschelohr

Die ganze Klasse versammelt sich
im Schulgarten.
Traurig steht Amir vor seinem Beet.
Alle Blumen sind ausgerissen.
Überall sind tiefe Löcher.

Amir: Warum hast du das gemacht, Leo? Ich dachte, du bist mein Freund.

Leo schluckt. Er war es doch gar nicht! Aber er kann auch nicht erzählen, wie es wirklich war. Warum er zu spät gekommen ist. Oder warum seine Schuhe so schmutzig sind. Ada stellt sich neben ihn. Das tut gut.

Ada: Leo war es nicht.
Amir: Wer war es denn dann?

Er schaut sie böse an.

Ada: Es war Leo!

Die anderen lachen und rufen durcheinander.

Kinder: Wer denn jetzt?
Leo oder doch Leo?
Entscheide dich mal, Ada!

Ada: Ich meine
den anderen Leo.
Den mit den süßen
Puschelohren.

Da wird das Gelächter noch lauter.

Kinder: Leo Puschelohr!
Puschel-Leo!
Nein, Puschiluschi!

Aber Ada zeigt auf den Hausmeister. Der ist gerade in den Garten gekommen. Und auf seinem Arm trägt er den kleinen Hund! Der vierbeinige Leo hat frische Erde an den Pfoten. Sein weißes Fell ist ganz braun.

Zwischen seinen Zähnen
hängen noch ein paar grüne Stängel.
Leo erschrickt.
Der Hund hat das Beet umgegraben!

Hausmeister: Hier ist der echte Übeltäter. Heißt der vielleicht auch Leo?

Hund: Wuff, wuff!

Das heißt: Ja klar!

Herr Weise: Wo kommt denn bloß der Hund her?

Leo zieht den Zettel hervor.

HALLO! ICH BIN LEO.
ICH BRAUCHE DRINGEND
EIN NEUES ZUHAUSE.
BITTE NIMM MICH MIT.

Leo: Der hing am Halsband.
Hier steht alles drauf.
Jemand hat ihn ausgesetzt.

Ausgesetzt? Das finden alle gemein.
Niemand kann dem kleinen Hund
böse sein.
Nicht einmal Amir.
Aber Leo darf den Hund
trotzdem nicht behalten.
Der Hausmeister trägt ihn davon.

Herr Weise: Ein Hund kann nicht
in der Schule wohnen.
Das verstehst du doch,
Leo?

Leo nickt.
Aber eigentlich will er das
nicht verstehen.

Der Klassenhund

Am Nachmittag bringen sie
Amirs Beet wieder in Ordnung.
Herr Weise hat neue Blumen besorgt.
Die ganze Klasse hilft mit.
Alle schwatzen und lachen.
Nur Leo ist traurig.
Doch plötzlich hört er etwas.

Wuff! Wuff!
Leo schaut auf.

Da kommt der Hausmeister mit dem Hund zurück!

Hausmeister: Ich habe im Tierheim angerufen und bei der Polizei. Niemand vermisst den Kleinen. Deshalb wohnt er jetzt bei mir. Und du kannst ihn jeden Tag besuchen, Leo.

Der Hausmeister lächelt.

Leo: Wirklich?

Er freut sich riesig. Der kleine Hund zappelt. Er will zu Leo! Der Hausmeister setzt ihn auf den Boden. Sofort rennt der Hund los. Leo streichelt ihn glücklich.

Kinder: Dürfen wir den Hund
auch mal besuchen?
Bitte, bitte!
Hausmeister: Wenn Herr Weise
es erlaubt?
Herr Weise: Na gut.
Nächste Woche
kommen wir vorbei
und machen
Hundekunde.
Kinder: Hundekunde?
Unser neues
Lieblingsfach!
Was wir da wohl lernen?

Der Hausmeister grinst.

Hausmeister: Eins könnt ihr jetzt
sofort lernen.
Der vierbeinige Leo
ist ein Mädchen.
Leo: Waaas?

Das hätte er nicht gedacht.

Ada: Dann braucht er aber einen neuen Namen!

Herr Weise: Du meinst, sie braucht einen neuen Namen. Vielleicht Leni?

Amir: Nein, Lea!

Leo: Nein. Sie heißt Leonie. Leonie, der Klassenhund!

Perspektive 2
Ada

Ein seltsamer Morgen

Endlich hat es aufgehört zu regnen! Als Ada an diesem Morgen zur Schule kommt, hat sie super gute Laune. Die Sonne scheint herrlich warm, sie hat ihr Lieblingsshirt an und gleich in der ersten Stunde haben sie Sport. Das ist ihr absolutes Lieblingsfach und am allerliebsten spielt sie Fußball mit ihrem besten Freund Leo.

Heute Morgen hat sie ihn allerdings noch nicht gesehen. Ada wundert sich: „Wo steckt der bloß?" Sonst ist Leo immer der Erste beim Sport.

Die Stunde hat schon angefangen, da kommt Leo endlich angerannt und schießt sofort ein Tor.

„Typisch Leo, super!", freut sich Ada und feuert ihn weiter an: „Leo, Leo!"

Wuff! Wuff! Plötzlich hört Ada irgendwo in der Turnhalle ein Bellen. Hallo? Was ist denn das? „Da hat wohl jemand Hundekuchen gefrühstückt“, sagt Herr Weise.

Herr Weise ist ihr Klassenlehrer und die Kinder mögen ihn sehr. Alle lachen über seinen Witz, nur Leo nicht. Ada grinst zu ihm hinüber, aber ihr Freund sieht sie gar nicht an. Er ist plötzlich ganz rot geworden – wie seltsam!

Fast hat Ada die Sache vergessen, da schießt Leo schon wieder ein Tor.

„Leo vor!“, jubeln seine Freunde. „Bravo, Leo!“

Sofort geht auch das Bellen wieder los. Diesmal ist es noch lauter: Wuff! Wuff! Wuff! Wuff, wuff, wuff!

„Hört mal, das klingt ja richtig echt“, ruft Ada. „Ist hier vielleicht ein Hund in der Turnhalle?“

Die anderen drehen neugierig die Köpfe. Leos Freund Amir kniet sich hin und tut so, als würde er auf dem Boden herumschnüffeln.

„Schnuffi-schnuff“, macht er kichernd. „Wo ist der Hund?“

Ada sieht, wie Leo schon wieder rot wird. Nervös schaut er zur Tür, dann hebt er seine Hand: „Ich hab meine Trinkflasche vergessen. Darf ich sie holen?“
„Meinetwegen“, sagt Herr Weise, „wenn du dich beeilst.“

Aber genau das tut Leo nicht! Als Ada ein paar Minuten später selber ein Tor schießt, will sie sich stolz zu ihm umdrehen. Da merkt sie, dass er immer noch nicht wieder zurück ist. Ausgerechnet Leo, der sonst kein Spiel auslässt? Da stimmt doch etwas nicht! Plötzlich ist Ada sich sicher, dass ihr Freund ein Problem hat.

„Ich muss mal“, sagt sie schnell. „Darf ich kurz raus?“

„Wenn das so weiter geht, bin ich hier bald alleine.“ Herr Weise zieht ein Gesicht, aber er winkt Ada nach draußen. „Und schau mal, wo Leo so lange bleibt“, ruft er ihr nach.

„Klar, mach ich.“ Ada grinst vor sich hin. Das hat ja schon mal gut geklappt!

Leos Geheimnis

Draußen läuft Ada schnell zum Umkleideraum, doch da ist alles still. Keine Spur von Leo. Die Sache wird immer merkwürdiger. Dann hört sie plötzlich Leos Stimme. Anscheinend ist er in der Abstellkammer nebenan. Dort bewahrt der Hausmeister das Putzzeug auf.

Ada schaut neugierig hinein und traut ihren Augen nicht: Da steht Leo am Waschbecken und hat einen kleinen Hund im Arm! Beide sind von oben bis unten nassgespritzt. Leos Pullover hängt tropfend über einem Besenstiel.

„Wusste ich's doch! Du hast ein Geheimnis vor mir." Ada sieht in Leos bedröppeltes Gesicht und muss lachen. „Ein Geheimnis mit vier Beinen", grinst sie. „So einen wolltest du doch immer haben, stimmt's?" Leo ist nämlich ganz verrückt nach Hunden. Das hat er Ada schon oft erzählt.

„Stimmt.“ Leo hebt den kleinen Hund hoch, damit sie ihn besser sehen kann. „Ist der nicht süß? Naja, wenn er nicht gerade auf meinen Pulli pullert.“

Der Hund ist ganz jung, noch ein richtiger Welpe. Neugierig schaut er Ada an und strampelt mit den Pfoten. Sein struppiges Fell ist weiß, nur um das rechte Auge hat er einen lustigen braunen Fleck.

„Mega süß“, stimmt Ada zu. Wie heißt er denn?“
„Leo“, sagt Leo. „Genau wie ich.“

Er kramt in seiner Hosentasche, dann zeigt er Ada einen Zettel:

HALLO!
ICH BIN LEO.
ICH BRAUCHE DRINGEND
EIN NEUES ZUHAUSE.
BITTE NIMM MICH MIT.

Ada ist baff. „Heißt das, du hast den Hund gefunden?“
„Auf dem Schulweg“, nickt Leo. „Jemand muss ihn ausgesetzt haben.“
„Und du hast ihn einfach mitgenommen?“

Ada weiß, dass Leo zu Hause kein Tier haben darf.

„Das wird aber Ärger geben“, warnt sie, „riesigen Ärger!“
„Hab ich ihm auch gleich gesagt.“

Stolz streichelt ihr Freund den Hund.

„Aber dir ist das egal, was Leo?“
„Wuff, wuff!“

Der Welpe leckt Leos Hand.

„Er kennt seinen Namen!“ Ada geht ein Licht auf: „Deshalb hat er vorhin auch gebellt, als wir dich angefeuert haben.“ Sie schaut von Leo eins zu Leo zwei und grinst: „Ihr seht euch aber gar nicht ähnlich.“
„Wieso“, grinst Leo zurück, „bin ich etwa nicht süß?“

Sie lachen zusammen. Aber insgeheim macht Ada sich Sorgen: Ein Hund in der Schule? Das kann nicht lange gut gehen!

Ein fast perfekter Plan

„Wir müssen ihn abwechselnd bewachen“, schlägt Ada vor. „Erst ich und später löst du mich ab.“
„Hm.“ Leo schaut unglücklich.

Ada kann verstehen, warum: Er würde sich lieber selber um den Welpen kümmern! Aber das geht nun mal nicht.

„Wenn du noch länger wegbleibst, taucht bald Herr Weise hier auf“, erklärt sie. „Er hat gerade schon nach dir gefragt.“

Das sieht Leo ein. Widerstrebend drückt er Ada den tropfenden Hund in den Arm. „Du musst aber gut auf ihn aufpassen“, drängt er.

„Verlass dich auf mich.“ Ada kann ihren Freund beruhigen. Aber so ganz geheuer ist ihr die Sache selber nicht.

Der Hund will hinter Leo herlaufen und zappelt in ihren Armen. Dabei macht er große nasse Flecken auf ihr Lieblingsshirt.

„Wir trocknen dich erstmal ab“, bestimmt Ada. Vorsichtig setzt sie den Welpen auf den Boden und geht zur Tür. „Bleib schön hier sitzen. Bin gleich wieder da.“

Im Umkleideraum holt sie schnell ein Handtuch aus ihrer Tasche. Doch als sie wieder in die Kammer will, drängelt sich der kleine Hund blitzschnell zwischen ihren Füßen hindurch in den Flur. Verflixt! Vom Abtrocknen hält er anscheinend nicht viel. Ada erschrickt. Schnell legt sie das Handtuch beiseite und geht langsam auf den kleinen Hund zu. Sie will ihn nicht vertreiben. Leo zwei sitzt inzwischen vor der Tür zur Turnhalle und schnüffelt aufgeregt. Er sucht Leo eins!

„Fang bloß nicht an zu bellen“, warnt Ada flüsternd.

Vorsichtig geht sie in die Hocke. Sie streckt die Hände aus, um den wuseligen Welpen festzuhalten. Aber der denkt gar nicht daran, sich einfangen zu lassen! Bevor Ada zupacken kann, ist er schon wieder entwischt und rennt davon.

„Halt! Nein! Wo willst du denn hin?“, stöhnt Ada leise. Dann sieht sie es: Am Ende des Flurs steht die Tür nach draußen offen!

Ada in Not

Als Ada die Tür erreicht, ist der Welpe längst über alle Berge. Vorsichtig streckt sie den Kopf hinaus und schaut über den Schulhof. Kein Mensch zu sehen – leider auch kein Hund. Alle Schüler und Lehrer sind im Unterricht. Aber wo ist der vierbeinige Leo?

„Leo? Komm her zu mir, Leo!“, ruft Ada leise. Dann lauscht sie angestrengt. Doch ausgerechnet jetzt will der kleine Hund nicht antworten.

„Leo“, ruft Ada noch einmal, „lass mich nicht im Stich!“ Was soll sie bloß ihrem Freund sagen, wenn der Welpe auf die Straße läuft? Außerdem müsste sie doch längst wieder in der Turnhalle sein!

Da sieht Ada plötzlich, wie sich ein paar Meter weiter im Gebüsch etwas bewegt.

Erleichtert rennt sie hin. „Bist du das, Leo?" Tatsächlich, da ist er! Der kleine Hund hockt auf dem Boden und kaut zufrieden an einer Scheibe Wurst. „Wahrscheinlich hat jemand sein Pausenbrot in die Büsche geworfen", denkt Ada. Das findet sie ausnahmsweise richtig gut! Gerade will sie nach dem Hund greifen, da …

„Was machst du denn hier?" Erschrocken fährt Ada herum. Hinter ihr steht der Hausmeister und schaut sie streng an. „Hast du keinen Unterricht?"
„Ich, äh, also, ich wollte Leo suchen", stammelt Ada. „Also nicht den, ich meine den anderen Leo. Der ist nämlich ..." Ada weiß nicht weiter. Was redet sie da bloß für einen Unsinn? Fast hätte sie sich verplappert!
„Du bist wohl ein bisschen durcheinander, was?" Der Hausmeister denkt anscheinend, Ada spinnt. Aber er guckt schon viel freundlicher. „Am besten, du gehst ganz schnell wieder in deine Klasse", schlägt er vor. „Die Stunde ist sowieso gleich vorbei."

„Okay. Danke.“ Ada nickt erleichtert. Aber jetzt bleibt ihr nichts anderes übrig als umzukehren! Der Hausmeister wartet schon. Schnell wirft sie noch einen Blick ins Gebüsch. Der Hund ist wieder verschwunden.

Ada ist gerade zurück an der Turnhalle, da klingelt es auch schon. Die Stunde ist aus. Lachend und schwatzend stürmen die Kinder zu den Umkleideräumen.

Ada wartet, bis alle weg sind, dann entdeckt sie Leo. Er steht vor der leeren Abstellkammer und sieht sie fragend an. Ada traut sich kaum, ihrem Freund in die Augen zu schauen. Aber es hilft ja nichts.

„Der Hund ist mir entwischt“, gesteht sie verzweifelt. „Was sollen wir bloß machen?“

Der Verdacht

Ada und Leo gehen zusammen zurück in die Klasse. Leise erzählt Ada ihrem Freund, wie sie den kleinen Hund verloren hat. Leo ist ihr nicht böse. Er weiß ja, dass sie nur helfen wollte! Aber natürlich macht er sich große Sorgen um den Welpen, das kann Ada spüren.

„Hast du wirklich nicht gesehen, wo er hingelaufen ist?“, fragt Leo sie schon zum dritten Mal.
„Nein.“ Ada schüttelt traurig den Kopf. „Da war doch der Hausmeister. Und als ich wieder hinschauen konnte, war Leo zwei schon – ups! Hallo Amir.“

Plötzlich steht Amir vor ihnen. Ada war so in ihr Gespräch vertieft, dass sie ihn gar nicht bemerkt hat. Aber Amir kümmert sich auch nicht um Ada.

„Du spinnst wohl, Leo“, legt er sofort wütend los. „Warum hast du mein Beet kaputt gemacht?“

Ada wundert sich. Die Schule hat einen schönen Garten. Dort hat jede Klasse ein großes Beet. Jedes Kind darf sich um ein Stück davon kümmern. Und Amir ist besonders stolz auf sein Stück Beet. Erst gestern hat er allen erzählt, dass er neue Blumen gepflanzt hat. Aber was soll das jetzt mit Leo?

„Du bist so gemein, Leo!“, schimpft Amir weiter.
Ada schaut verwirrt zu ihrem Freund, aber der weiß auch nicht, was Amir meint.
„Waaaas, wieso ich?“, fragt Leo. „Ich hab nichts kaputt gemacht!“
„Doch“, schreit Amir, „du bist als einziger zu spät gekommen! Du hattest die Gelegenheit. Und deine Schuhe sind voller Erde.“
Triumphierend zeigt er auf den Boden. „Das ist der Beweis“, sagt Amir. Seine Stimme zittert, so wütend ist er.

Ada schaut Leos Schuhe an. Tatsächlich, da klebt jede Menge braune Erde dran. Gerade will sie ihn fragen, was das zu bedeuten hat, da kommt Herr Weise.

„Was ist denn hier los?“, fragt er und runzelt die Stirn.

Mittlerweile steht die halbe Klasse um Leo und Amir herum. Aufgeregt erzählen die Kinder dem Lehrer, was passiert ist. Einige zeigen mit dem Finger auf Leo. Alle schauen ihn böse an. Nur Herr Weise bleibt freundlich wie immer.

„Das schauen wir uns jetzt erst mal ganz in Ruhe an“, sagt er.

Wer spinnt?

Kurz darauf versammeln sich alle im Garten. Amir geht voraus und zeigt ihnen sein Beet. Es sieht wirklich schlimm aus! In der Erde sind tiefe Löcher und alle Blumen sind ausgerissen. Rote, gelbe und weiße Blütenblätter liegen überall herum. Wie Konfetti sieht das aus, findet Ada. Aber sie hat noch nie so trauriges Konfetti gesehen.

„Warum hast du das gemacht, Leo?“ Amir ist immer noch wütend. Aber er ist auch enttäuscht. „Ich dachte, du bist mein Freund“, sagt er leise.

Ada sieht, wie Leo schluckt. Nie und nimmer kann sie sich vorstellen, dass er Amir das angetan hat. Warum sagt er bloß nichts dazu? Damit macht er sich doch erst recht verdächtig! Ada überlegt nicht lange. Mutig stellt sie sich neben ihren Freund.

„Leo war es nicht“, sagt sie bestimmt.
„So ein Quatsch!“ Sofort wendet Amir seine Wut gegen Ada. „Wer war es denn dann?“, faucht er sie an.

Ada schaut zu Leo, aber der rührt sich immer noch nicht. Nervös knistert er mit etwas in seiner Hosentasche herum – der Zettel, den er bei dem Hund gefunden hat! Plötzlich hat Ada eine Idee.

„Ich glaube, es war Leo!“, sagt sie langsam.

„Also doch, Leo!“ Die anderen Kinder lachen und rufen durcheinander: „Was denn jetzt? Entscheide dich mal! Leo oder Leo? Ada spinnt!“

„Ich meine den anderen Leo“, verteidigt sich Ada. „Den mit den süßen Puschelohren.“

„Puschelohren?“ Die anderen lachen nur noch lauter: „Leo Puschelohr! Puschel-Leo! Nein, Puschiluschi!“

Ada bleibt ganz cool. Sie hat nämlich gerade etwas entdeckt. Und jetzt weiß sie, dass sie die richtige Idee hatte!

Stolz streckt sie den Arm aus und zeigt auf den Hausmeister, der eben in den Garten gekommen ist. Auf seinem Arm trägt er den kleinen Hund. Und der sieht viel verdächtiger aus als Leo: Das weiße Fell ist schmutzig braun und zwischen den Zähnen hängen sogar noch ein paar grüne Blumenstängel.

„Hier ist der Übeltäter!“, sagt der Hausmeister. „Heißt der vielleicht auch Leo?“ Dabei zwinkert er Ada zu. Er hat kapiert, wen Ada vorhin gesucht hat! Ada zwinkert zurück.

„Wuff, wuff!“, bellt der vierbeinige Leo.

„Na also, Fall gelöst“, sagt Herr Weise erleichtert. „Aber wo kommt der Hund bloß her?“

Leo zieht den Zettel aus seiner Hosentasche und zeigt ihn dem Klassenlehrer.

HALLO!
ICH BIN LEO.
ICH BRAUCHE DRINGEND
EIN NEUES ZUHAUSE.
BITTE NIMM MICH MIT.

„Hier steht alles drauf“, erklärt er. „Jemand hat ihn ausgesetzt.“

Ausgesetzt! Das finden alle gemein. Niemand kann dem kleinen Hund böse sein.

Sogar Amir regt sich auf. „Einfach aussetzen geht gar nicht!“, findet er.

Doch Leo darf den Hund trotzdem nicht behalten. Ada hat es schon geahnt.

„Ein Hund kann nicht in der Schule wohnen“, sagt Herr Weise zu Leo. „Das verstehst du doch? Wo soll er bleiben, wenn du zu Hause kein Tier haben darfst?“

Als der Hausmeister den Welpen davon trägt, sieht Leo aus, als wollte er gleich weinen. Ada schaut in sein trauriges Gesicht und muss schlucken. Aber Herr Weise hat recht. Da gibt es einfach keine gute Lösung – oder?

Hundekunde

Nach dem Mittagessen gehen alle zusammen zurück in den Schulgarten, um Amirs Beet wieder in Ordnung zu bringen. Herr Weise hat neue Blumen besorgt, und die ganze Klasse hilft mit, sie einzupflanzen. Die Kinder sind immer noch aufgedreht. Alle reden und lachen laut durcheinander, nur Leo bleibt ganz still für sich.

Ada würde ihn gerne aufmuntern. Aber was kann sie schon sagen? Sie ist ja selber traurig.

Wuff, wuff! Plötzlich hört sie lautes Bellen. Das Gartentor öffnet sich, und da steht der Hausmeister mit dem Hund auf dem Arm!

Lächelnd geht er auf Leo zu. Leo und Ada sehen sich an. Was hat das zu bedeuten?

„Ich habe im Tierheim angerufen", erzählt der Hausmeister, „und bei der Polizei. Niemand vermisst den Kleinen. Deshalb wohnt er jetzt bei mir. Und du kannst ihn jeden Tag besuchen, Leo."
„Wirklich?" Mehr bringt Leo nicht heraus. Seine Stimme klingt ganz komisch, aber Ada sieht, wie sehr er sich freut.
„Wuff, wuff!", bellt Leo zwei und zappelt wie wild. Anscheinend will er unbedingt zu Leo eins!

Der Hausmeister setzt ihn auf die Erde und schon flitzt der Welpe los. Glücklich leckt er Leos Hände. Die anderen Kinder schauen neidisch zu.

„Dürfen wir den Hund auch mal besuchen?“, betteln sie. „Bitte, bitte!“
Der Hausmeister schaut Herrn Weise an: „Wenn euer Lehrer es erlaubt?“
Herr Weise überlegt einen Moment, dann lächelt er: „Also gut. Nächste Woche kommen wir vorbei und machen Hundekunde.“
„Hundekunde?“ Die Kinder sind begeistert. „Das wird unser neues Lieblingsfach“, jubeln sie, „was wir da wohl lernen?“
Der Hausmeister grinst. „Eins könnt ihr jetzt sofort lernen“, sagt er: „Der vierbeinige Leo ist ein Mädchen.“
„Waaas, ein Mädchen?“ Leo schaut so überrascht, dass Ada lachen muss.
„Dann braucht er aber einen neuen Namen!“, ruft sie übermütig.

„Er – oder besser sie.“ Herr Weise schmunzelt. „Vielleicht Leni?“
„Nein, Lea!“, ruft Amir. Er schaut fragend zu Leo, aber der schüttelt den Kopf.
„Nein. Sie heißt Leonie“, sagt Leo. „Leonie, der Klassenhund.“

Das ist nun wirklich Klasse, findet Ada.

Weitere Titel der Reihe Lesen mal 2:

Ausflug mit Lama-Drama

Chaos im Museum

Weitere Infos:

www.klett-sprachen.de/lesenmal2